‖‖‖‖‖‖‖‖‖‖‖‖‖‖‖‖‖‖
AF188027

Impressum
Verlag: BABADADA GmbH, Nedderfeld 112 , 22529 Hamburg
Geschäftsführer / Verlagsleitung: Harald Hof
Druck: Books on Demand GmbH, In de Tarpen 42, 22848 Norderstedt

Imprint
Publisher: BABADADA GmbH, Nedderfeld 112 , 22529 Hamburg, Germany
Managing Director / Publishing direction: Harald Hof
Print: Books on Demand GmbH, In de Tarpen 42, 22848 Norderstedt

school

școală

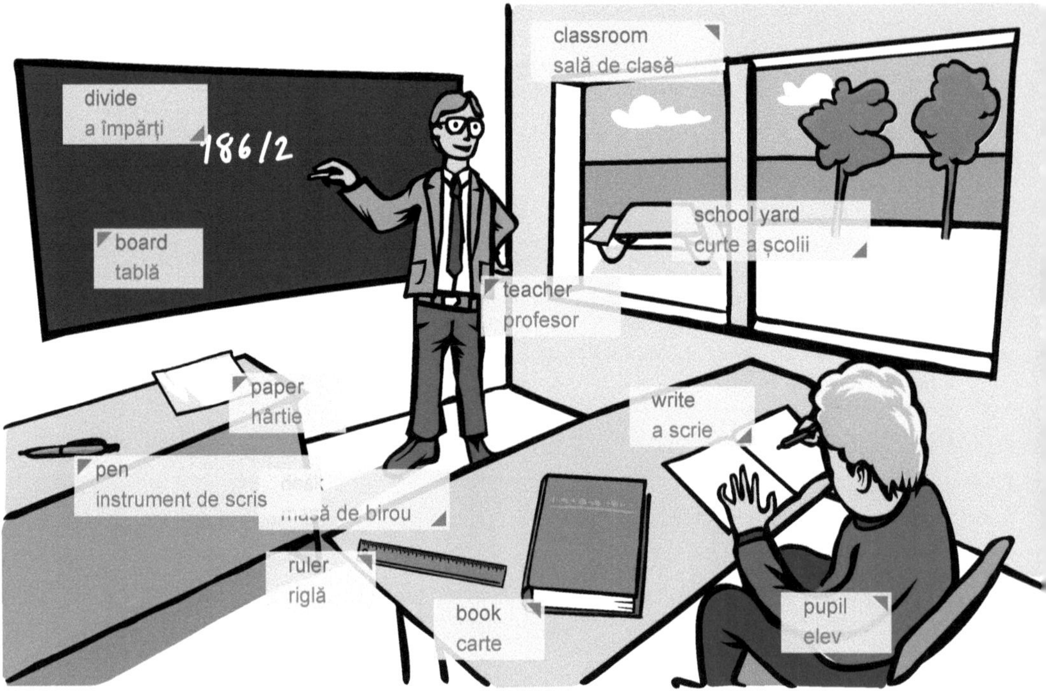

classroom
sală de clasă
divide
a împărți
186/2
board
tablă
school yard
curte a școlii
teacher
profesor
paper
hârtie
write
a scrie
pen
instrument de scris
de birou
ruler
riglă
book
carte
pupil
elev

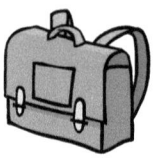

satchel
ghiozdan

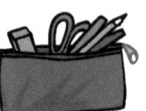

pencil case
penar

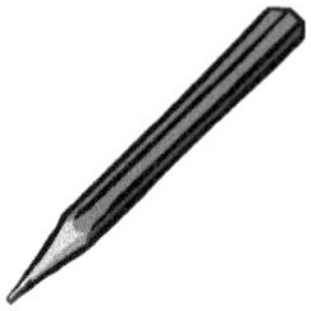

pencil
creion

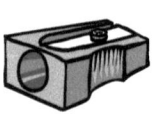

pencil sharpener
ascuțitoare

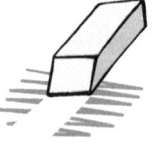

rubber
radieră

drawing pad
bloc de desen

drawing

desen

paintbrush

pensulă

paint box

cutie de acuarele

scissors

foarfece

glue

lipici

exercise book

caiet de exerciții

homework

temă

number

număr

add

a aduna

subtract

a scădea

multiply

a multiplica

calculate

a calcula

letter

literă

alphabet

alfabet

word

cuvânt

text

text

read

a citi

chalk

cretă

lesson

oră

register

catalog

exam

examen

certificate

certificat

school uniform

uniformă școlară

education

educație

encyclopedia

enciclopedie

university

universitate

microscope

microscop

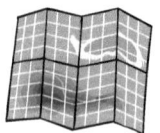

map

hartă

waste-paper basket

coș de gunoi

travel
călătorie

hotel
hotel
Grand
hostel
hostel
ROOMS
EXCHANGE
bureau de change
casă de schimb valutar
car
autovehicul

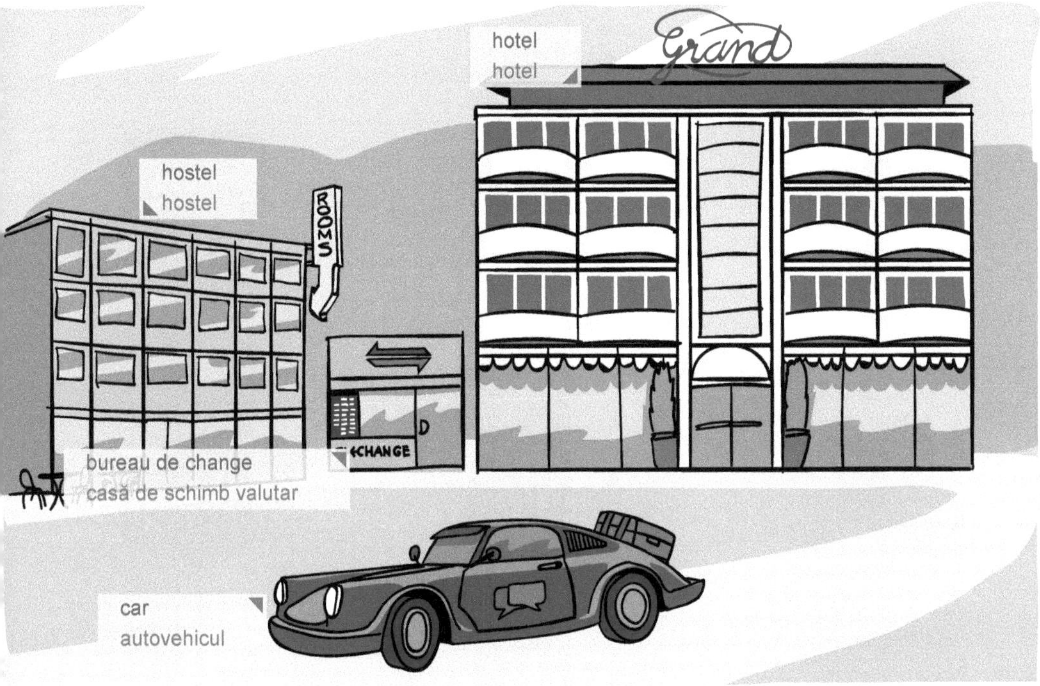

language

limbă

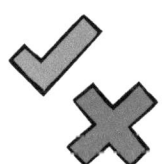

yes / no

da/nu

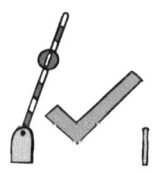

Okay

okay

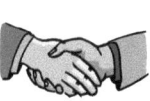

hello

Bună!

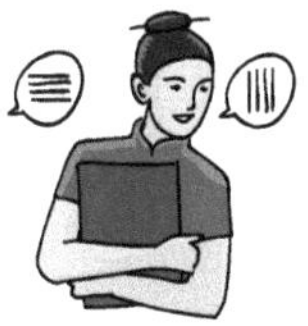

translator

interpret

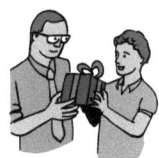

Thank you

mulțumesc

how much is…?

Cât costă…?

I do not understand

Nu înțeleg

problem

problemă

Good evening!

Bună seara!

Good morning!

Bună dimineața!

Good night!

Noapte bună!

bye bye

la revedere

direction

direcție

luggage

bagaj

bag

geantă

backpack

rucsac

guest

oaspete

room

cameră

sleeping bag

sac de dormit

tent

cort

tourist information

punct de informare turistică

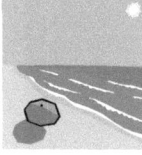

beach

plajă

credit card

carte de credit

breakfast

mic dejun

lunch

masa de prânz

dinner

cină

ticket

bilet de călătorie

lift

lift

stamp

timbru poștal

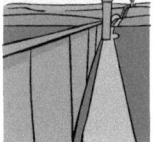

border

graniță

customs

vamă

embassy

ambasadă

visa

viză

passport

pașaport

travel - călătorie

transport
transport

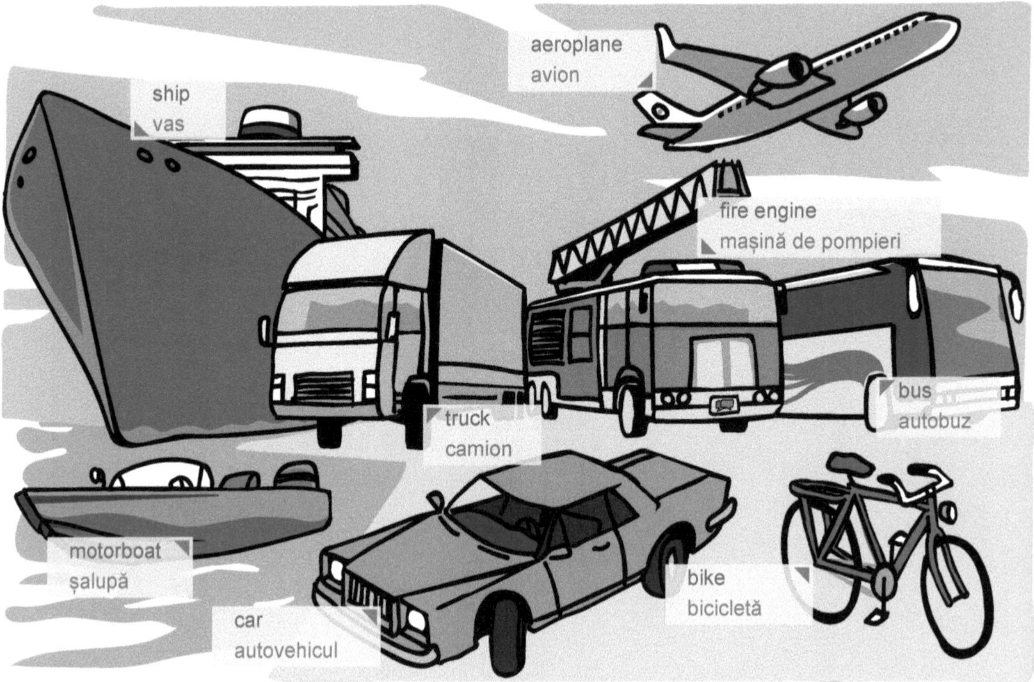
aeroplane
avion
ship
vas
fire engine
mașină de pompieri
bus
autobuz
truck
camion
motorboat
șalupă
bike
bicicletă
car
autovehicul

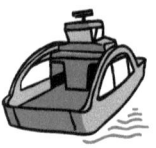

ferry
feribot

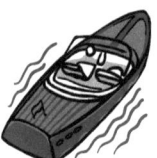

boat
barcă

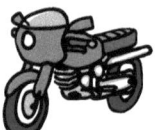

motorbike
motocicletă

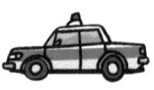

police car
mașină de poliție

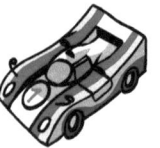

racing car
mașină de curse

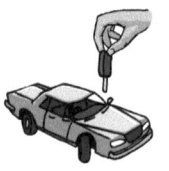

rental car
mașină închiriată

car sharing

car sharing

breakdown truck

mașină de tractat

refuse truck

mașină de gunoi

motor

motor

fuel

combustibil

petrol station

benzinărie

traffic sign

semn de circulație

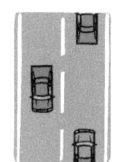

traffic

trafic

traffic jam

ambuteiaj

car park

parcare

train station

gară

tracks

șine

train

tren

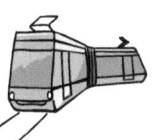

tram

tramvai

carriage

vagon

helicopter

elicopter

airport

aeroport

tower

turn

passenger

pasager

container

container

carton

carton

cart

căruță

basket

coș

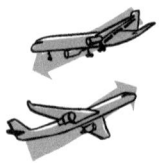

take off / land

a decola/a ateriza

city

oraș

village

sat

city centre

centru

house

casă

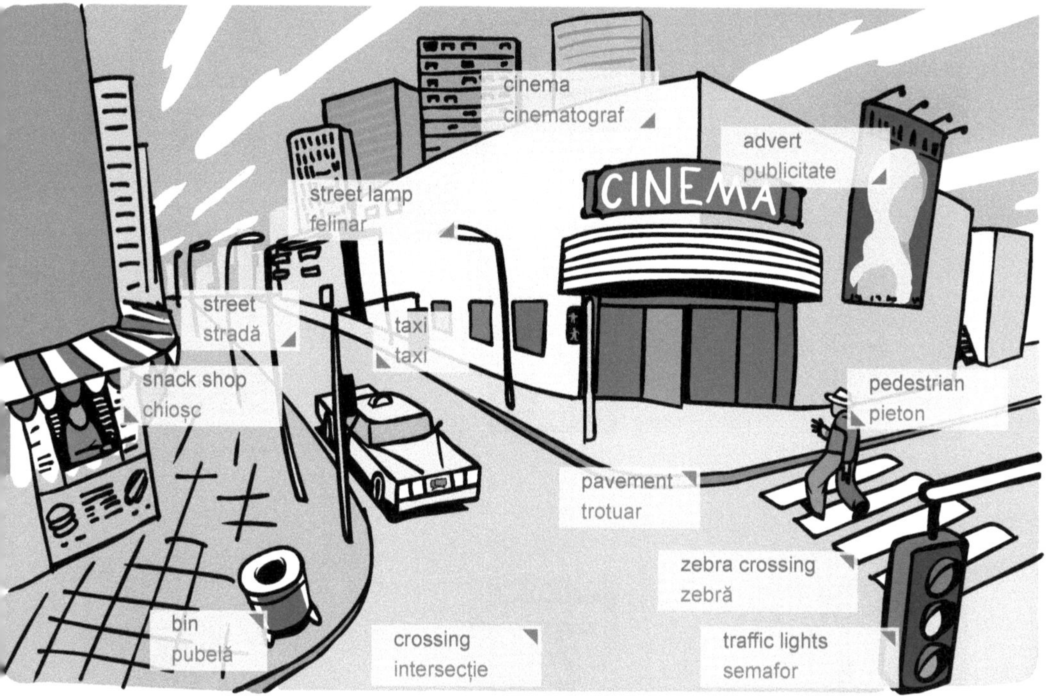

cinema
cinematograf

advert
publicitate

street lamp
felinar

CINEMA

street
stradă

taxi
taxi

snack shop
chioșc

pedestrian
pieton

pavement
trotuar

zebra crossing
zebră

bin
pubelă

crossing
intersecție

traffic lights
semafor

hut

cabană

flat

apartament

train station

gară

town hall

primărie

museum

muzeu

school

școală

university

universitate

bank

bancă

hospital

spital

hotel

hotel

pharmacy

farmacie

office

birou

book shop

librărie

shop

magazin

florist's

florărie

supermarket

supermarket

market

piață

department store

magazin universal

fishmonger's

comerciant de pește

shopping centre

centru comercial

harbour

port

park

parc

bench

bancă

bridge

pod

stairs

trepte

underground

metrou

tunnel

tunel

bus stop

stație de autobuz

bar

bar

restaurant

restaurant

postbox

cutie poștală

strect sign

tăbliță indicatoare cu
numele străzii

parking meter

parcometru

zoo

grădină zoologică

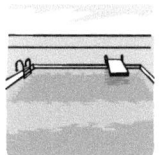

swimming pool

piscină

mosque

moschee

farm

gospodărie țărănească

pollution

poluare

graveyard

cimitir

church

biserică

playground

loc de joacă

temple

templu

landscape
peisaj

signpost
indicator

way
drum

meadow
pajiște

stone
piatră

tree
copac

hiker
drumeț

river
râu

grass
iarbă

flower
floare

valley

vale

hill

deal

lake

lac

forest

pădure

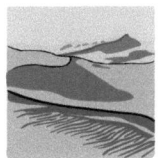

desert

deșert

volcano

vulcan

castle

castel

rainbow

curcubeu

mushroom

ciupercă

palm tree

palmier

mosquito

țânțar

fly

muscă

ant

furnică

bee

albină

spider

păianjen

beetle

gândac

frog

broască

squirrel

veveriță

hedgehog

arici

hare

iepure

owl

bufniță

bird

pasăre

swan

lebădă

boar

porc mistreț

deer

cerb

moose

elan

dam

dig

wind turbine

turbină eoliană

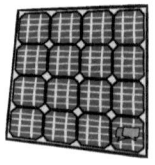

solar panel

panou solar

climate

climă

restaurant
restaurant

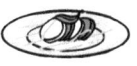

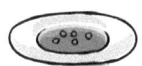

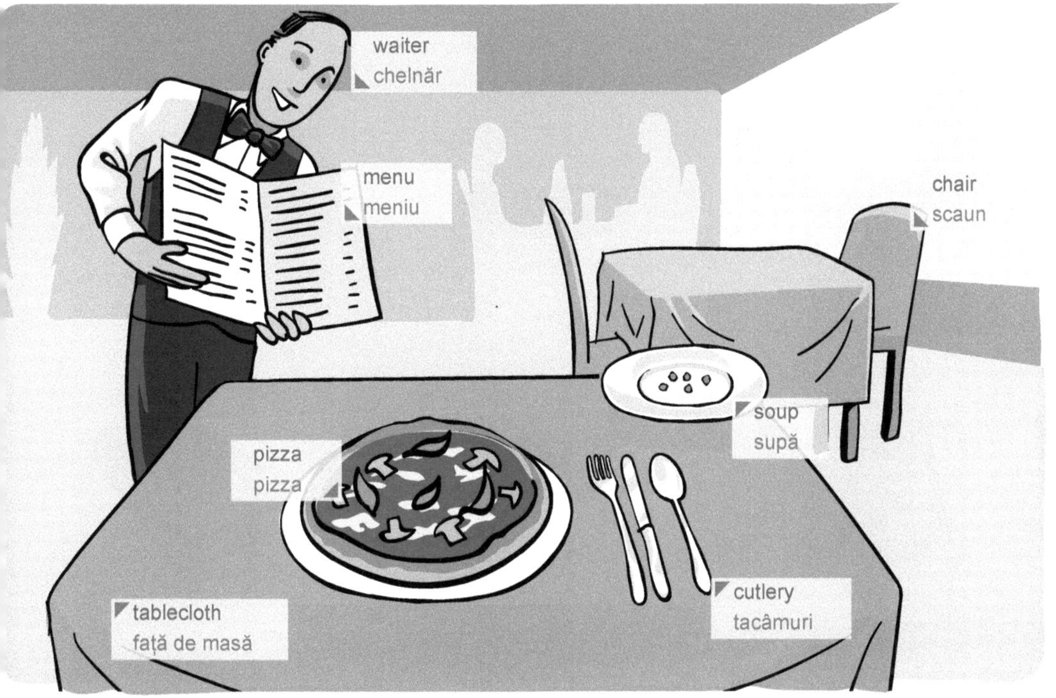
waiter
chelnăr
menu
meniu
chair
scaun
soup
supă
pizza
pizza
cutlery
tacâmuri
tablecloth
faţă de masă

starter

antreu

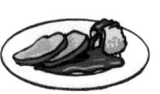

main course

fel principal

dessert

desert

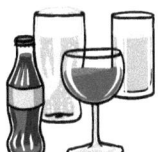

drinks

băuturi

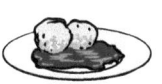

food

mâncare

bottle

sticlă

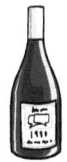

fast food

fastfood

street food

streetfood

teapot

ceainic

sugar bowl

zaharniță

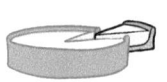

portion

porție

espresso machine

espressor

high chair

scaun înalt (pentru copii)

bill

factură

tray

tavă

knife

cuțit

fork

furculiță

spoon

lingură

teaspoon

linguriță

serviette

șervețel

glass

pahar

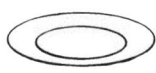

plate

farfurie

soup plate

farfurie de supă

saucer

farfurie

sauce

sos

salt pot

solniță

pepper mill

râșniță de piper

vinegar

oțet

oil

ulei

spices

condimente

ketchup

ketchup

mustard

muștar

mayonnaise

maioneză

supermarket
supermarket

special offer
ofertă
customer
client
dairy
produse lactate
FOR
fruit
fructe
trolley
cărucior de cumpărături

BUTCHERS

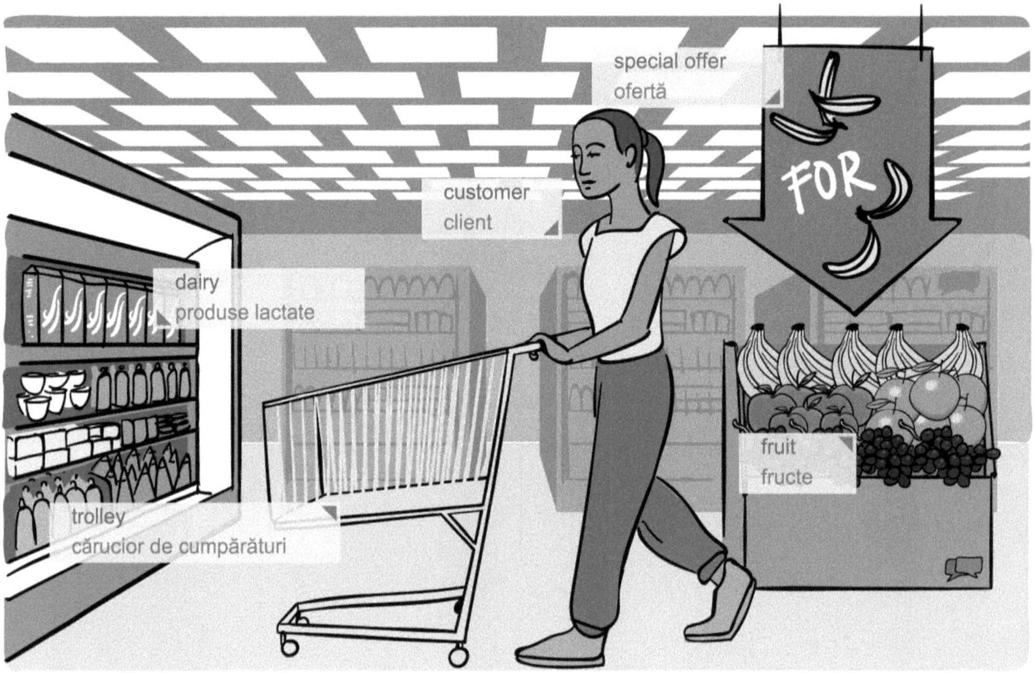

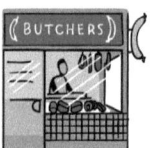

butcher´s
măcelărie

BAKERY

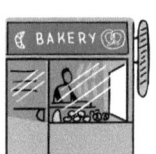

baker´s
brutărie

weigh
a cântări

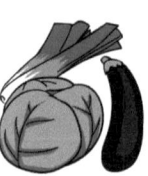

vegetables
legume

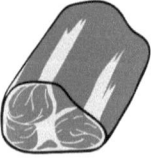

meat
carne

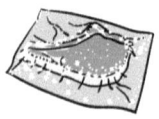

frozen food
alimente refrigerate

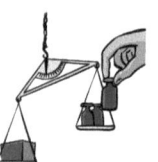

cold meat

mezeluri și brânzeturi feliate

tinned food

conserve

washing powder

detergent

sweets

dulciuri

household products

articole de menaj

cleaning products

produse de curățenie

salesperson

vânzătoare

till

casă

cashier

casier

shopping list

listă de cumpărături

opening hours

orar

wallet

portmoneu

credit card

carte de credit

bag

geantă

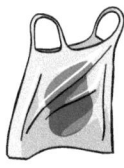

plastic bag

pungă de plastic

supermarket - supermarket

water

apă

juice

suc

milk

lapte

coke

cola

wine

vin

beer

bere

alcohol

alcool

cocoa

cacao

tea

ceai

coffee

cafea

espresso

espresso

cappuccino

cappucino

banana

banane

apple

măr

orange

portocală

melon

pepene

lemon

lămâie

carrot

morcov

garlic

usturoi

bamboo

bambus

onion

ceapă

mushroom

ciupercă

nuts

nuci

noodles

paste făinoase

spaghetti

spagheti

rice

orez

salad

salată

chips

cartofi prăjiți

fried potatoes

cartofi țărănești

pizza

pizza

hamburger

hamburger

sandwich

sandwich

cutlet

șnițel

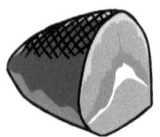

ham

șuncă

salami

salam

sausage

cârnați

chicken

pui

roast

friptură

fish

pește

food - mâncare

porridge oats

fulgi de ovăz

muesli

musli

cornflakes

cereale

flour

făină

croissant

corn

bread roll

chifle

bread

pâine

toast

pâine prăjită

biscuits

biscuiți

butter

unt

curd

brânză de vaci

cake

prăjitură

egg

ou

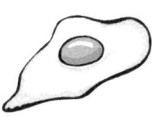

fried egg

ouă ochiuri

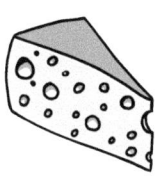

cheese

brânză

ice cream

înghețată

sugar

zahăr

honey

miere

jam

marmeladă

chocolate spread

cremă nuga

curry

curry

gospodărie țărănească

goat	cow	calf
capră	vacă	vițel

pig	piglet	bull
porc	purcel	taur

goose

găină

duck

rață

chick

pui

hen

găină

cock

cocoș

rat

șobolan

cat

pisică

mouse

șoarece

ox

bou

dog

câine

doghouse

cușcă

garden hose

furtun de grădină

watering can

stropitoare

scythe

coasă

plough

plug

sickle

secerӑ

hoe

sapӑ

pitchfork

furcӑ

axe

secure

wheelbarrow

roabӑ

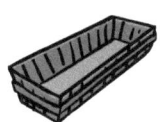

trough

troacӑ

milk can

canӑ pentru lapte

sack

sac

fence

gard

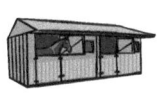

stable

grajd

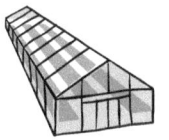

greenhouse

serӑ

soil

sol

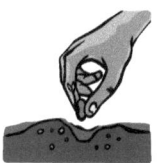

seed

sӑmânțӑ

fertilizer

fertilizator

combine harvester

combinӑ de treierat

harvest

a culege

harvest

recoltă

yams

cartof yam

wheat

grâu

soy

soia

potato

cartof

corn

porumb

rapeseed

rapiță

fruit tree

pom fructifer

cassava

manioc

cereals

cereale

house
casă

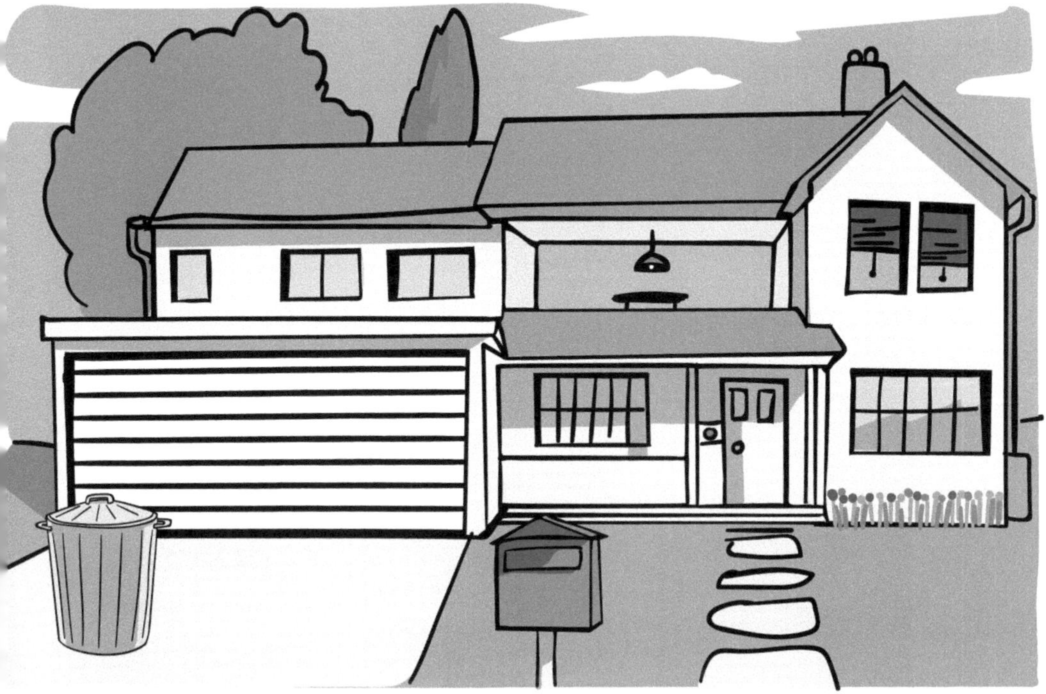

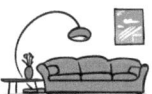

living room
camera de zi

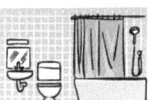

bathroom
baie

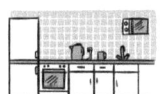

kitchen
bucătărie

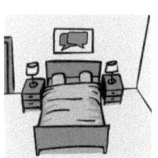

bedroom
dormitor

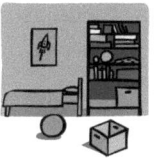

child's room
camera copiilor

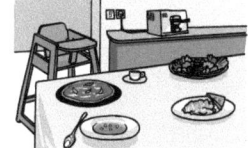

dining room
sufragerie

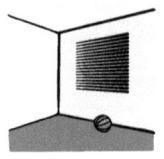

floor

podea

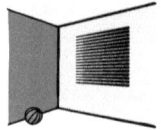

wall

perete

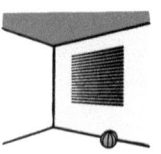

ceiling

tavan

cellar

pivniță

sauna

saună

balcony

balcon

terrace

terasă

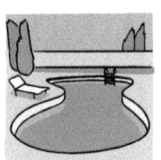

pool

piscină

lawn mower

mașină de tuns iarba

sheet

cearșaf

bedspread

cuvertură

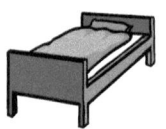

bed

pat

broom

mătură

bucket

găleată

switch

întrerupător

carpet	curtain	table
covor	perdea	masă

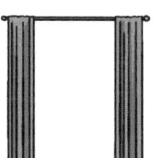

chair	rocking chair	armchair
scaun	balansoar	fotoliu

book

carte

blanket

pătură

decoration

decoraţiune

firewood

lemn de foc

film

film

hi-fi equipment

instalaţie stereo

key

cheie

newspaper

ziar

painting

desen

poster

poster

radio

radio

notepad

caiet de notiţe

hoover

aspirator

cactus

cactus

candle

lumânare

kitchen
bucătărie

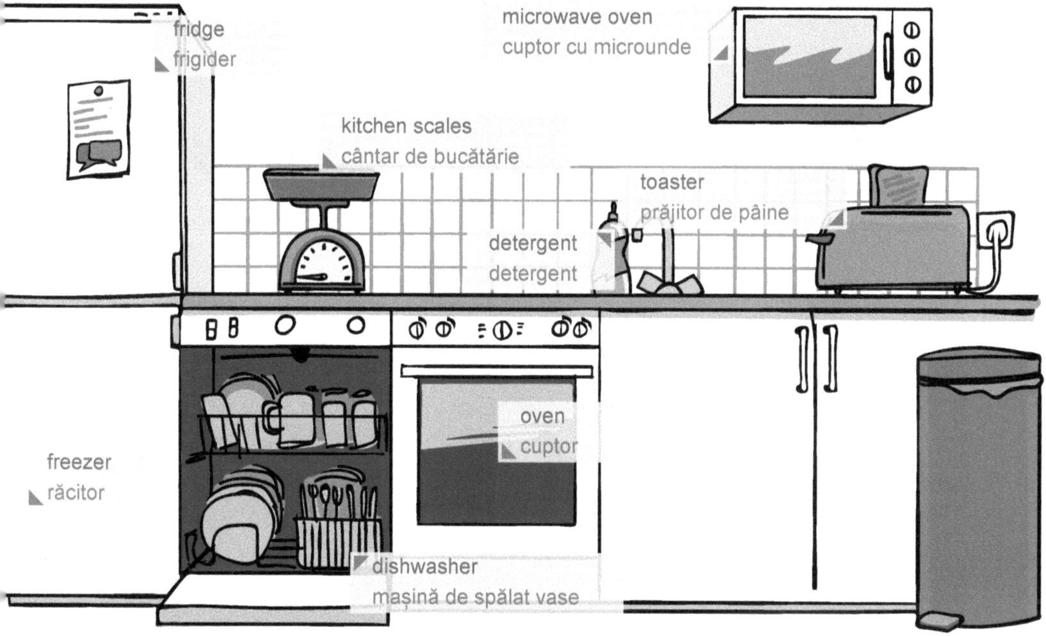
fridge
frigider
microwave oven
cuptor cu microunde
kitchen scales
cântar de bucătărie
toaster
prăjitor de pâine
detergent
detergent
oven
cuptor
freezer
răcitor
dishwasher
mașină de spălat vase

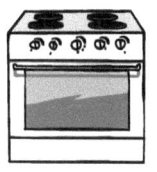

cooker
cuptor

pot
oală

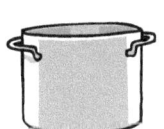

cast-iron pot
oală de metal

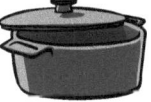

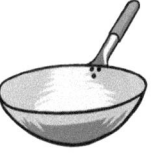

wok / kadai
wok/kadai

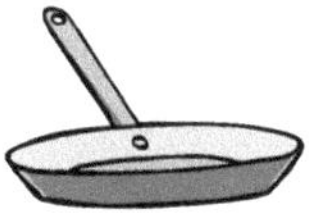
pan
tigaie

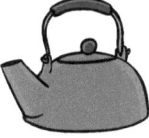

kettle
ceainic

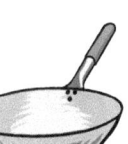

steamer

oală de gătit cu aburi

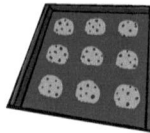

baking tray

tavă de copt

crockery

veselă

mug

pahar

bowl

bol

chopsticks

bețișoare

ladle

polonic

spatula

spatulă

whisk

tel

strainer

sită

sieve

sită

grater

răzătoare

mortar

mojar

barbecue

grătar

open fire

loc pentru grătar

chopping board

tocător

rolling pin

sucitor

corkscrew

tirbușon

can

conservă

can opener

deschizător de conserve

pot holder

șervete termice

sink

chiuvetă

brush

perie

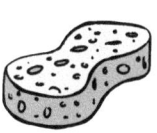

sponge

burete

blender

mixer

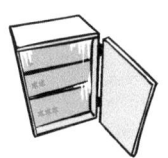

deep freezer

ladă frigorifică

baby bottle

biberon

tap

robinet

bathroom
baie

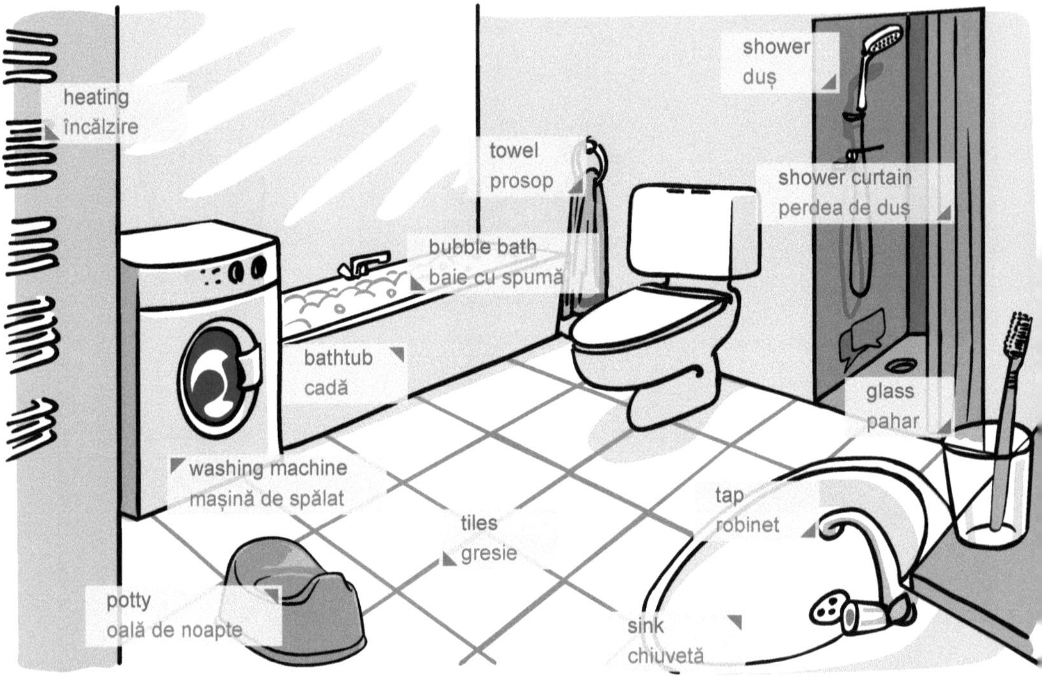
heating
încălzire
towel
prosop
shower
duș
shower curtain
perdea de duș
bubble bath
baie cu spumă
bathtub
cadă
glass
pahar
washing machine
mașină de spălat
tap
robinet
tiles
gresie
potty
oală de noapte
sink
chiuvetă

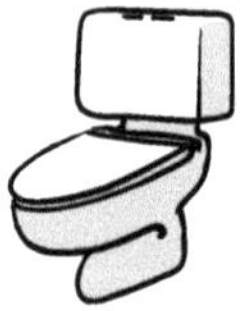
toilet
toaletă

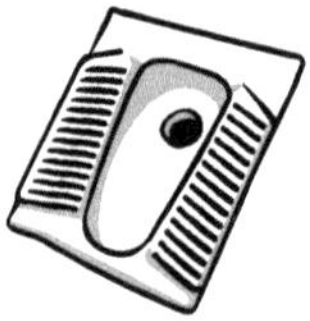
squat toilet
toaletă turcescă

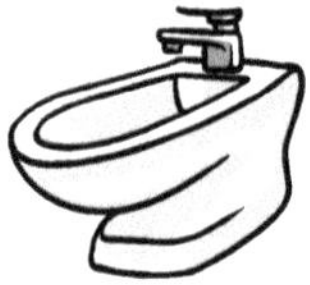
bidet
bideu

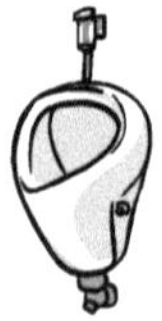
urinal
pisoir

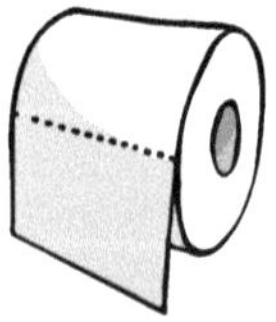
toilet paper
hârtie igienică

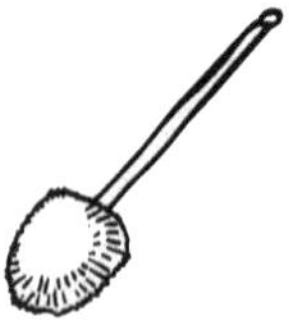
toilet brush
perie de toaletă

toothbrush

periuță de dinți

toothpaste

pastă de dinți

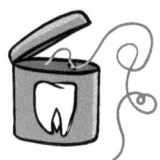

dental floss

ață dentară

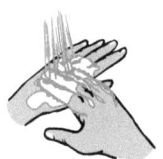

wash

a spăla

handheld shower

cap de duș

douche

duș intim

basin

lavoar

back brush

perie pentru spate

soap

săpun

shower gel

gel de duș

shampoo

șampon

flannel

cârpă de spălat

drain

scurgere

cream

cremă

deodorant

deodorant

mirror

oglindă

hand mirror

oglindă cosmetică

razor

aparat de ras

shaving foam

spumă de ras

aftershave

aftershave

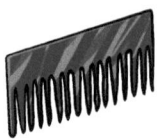

comb

pieptene

brush

perie

hair dryer

uscător de păr

hairspray

fixator

makeup

machiaj

lipstick

ruj

nail varnish

lac de unghii

cotton wool

vată

nail scissors

foarfece de unghii

perfume

parfum

bathroom - baie

washbag

neseser

stool

taburet

weighing scale

cântar

bathrobe

halat de baie

rubber gloves

mănuși de cauciuc

tampon

tampon

sanitary towel

tampon

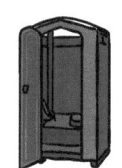

chemical toilet

toaletă chimică

child's room
camera copiilor

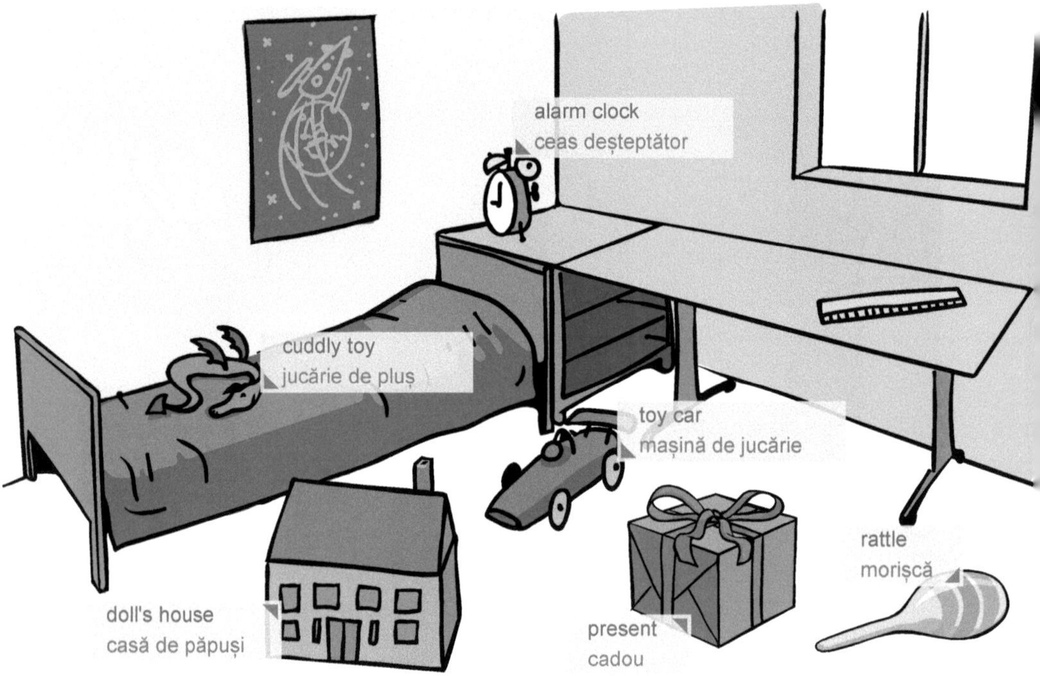
alarm clock
ceas deșteptător
cuddly toy
jucărie de pluș
toy car
mașină de jucărie
rattle
morișcă
doll's house
casă de păpuși
present
cadou

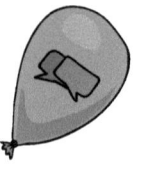

balloon
balon

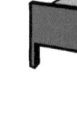

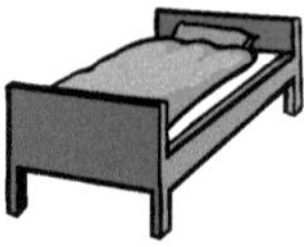
bed
pat

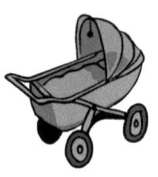

pram
cărucior de copii

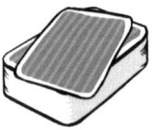

deck of cards
joc de cărți

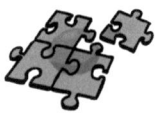

jigsaw
puzzle

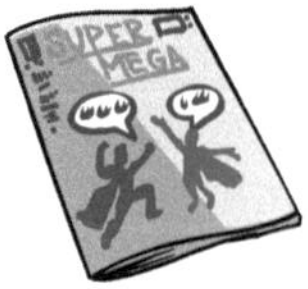

comic
revistă de benzi desenate

lego bricks

cuburi lego

building blocks

piese pentru construcții

action figure

personaj din filmele de acțiune

babygrow

body

frisbee

frisbee

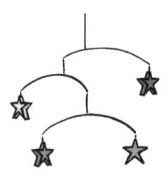

mobile

mobil

board game

joc de societate

dice

zar

model train set

set trenuleț de jucărie

dummy

suzetă

party

petrecere

picture book

carte cu poze

ball

minge

doll

păpușă

play

a se juca

sandpit

groapă de nisip

swing

leagăn

toys

jucării

video game console

consolă video

tricycle

tricicletă

teddy bear

ursuleț

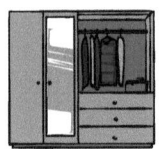

wardrobe

dulap

clothing

îmbrăcăminte

socks

șosete

stockings

ciorapi

tights

dres

scarf
șal

belt
curea

umbrella
umbrelă

t-shirt
tricou

trainers
pantofi sport

boots
cizme

slippers
papuci

sandals
sandale

shoes
încălțăminte

rubber boots
cizme de cauciuc

underpants
chilot

bra
sutien

vest
maiou

body

body

trousers

pantaloni

jeans

blugi

skirt

fustă

blouse

bluză

shirt

cămaşă

pullover

pulover

hoodie

jerseu

blazer

sacou

jacket

jachetă

coat

palton

raincoat

pelerină de ploaie

costume

costum

dress

rochie

wedding dress

rochie de mireasă

suit

costum

nightgown

cămașă de noapte

pyjamas

pijama

sari

sari

headscarf

batic

turban

turban

burqa

burka

kaftan

caftan

abaya

abaya

swimsuit

costum de baie

trunks

șort

shorts

pantaloni scurți

tracksuit

trening

apron

șorț

gloves

mănuși

button

nasture

glasses

ochelari

bracelet

brățară

necklace

lanț

ring

inel

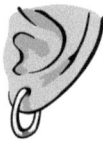

earring

cercel

cap

căciulă

coat hanger

umeraș

hat

pălărie

tie

cravată

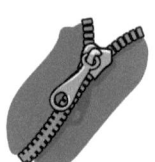

zip

fermoar

helmet

cască

braces

bretele

school uniform

uniformă școlară

uniform

uniformă

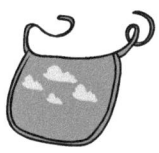

bib

bavețică

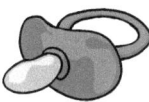

dummy

suzetă

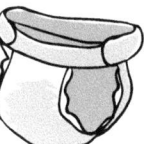

nappy

scutec

office
birou

server
server
filing cabinet
dulap de acte
printer
imprimantă
paper
hârtie
monitor
monitor
mouse
mouse
desk
masă de birou
folder
fișier
keyboard
tastatură
waste-paper basket
coș de gunoi
computer
computer
chair
scaun

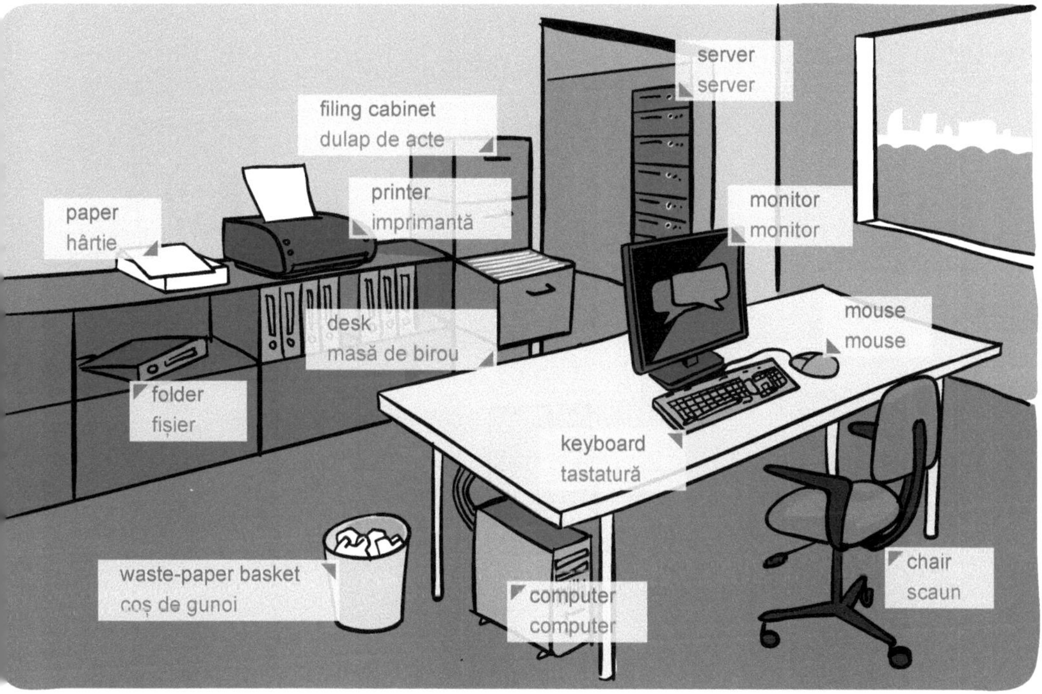

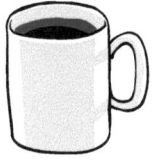

coffee mug

ceașcă de cafea

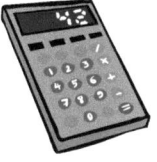

calculator

calculator

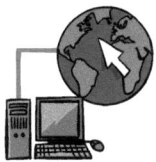

internet

internet

laptop

laptop

letter

scrisoare

message

mesaj

mobile

telefon mobil

network

rețea

photocopier

copiator

software

software

telephone

telefon

plug socket

priză

fax machine

fax

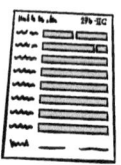

form

formular

document

document

office - birou

buy

a cumpăra

pay

a plăti

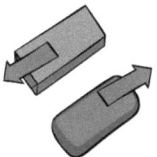

trade

a face comerţ

money

bani

dollar

Dolar

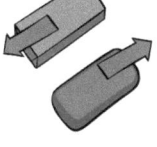

euro

Euro

yen

Yen

rouble

Rublă

Swiss franc

Franc Elveţian

renminbi yuan

renminbi yuan

rupee

Rupie

cashpoint

bancomat

bureau de change

casă de schimb valutar

gold

aur

silver

argint

oil

petrol

energy

energie

price

preț

contract

contract

tax

impozit

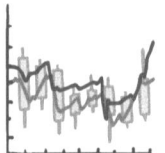

stock

acțiune

work

a munci

employee

angajat

employer

angajator

factory

fabrică

shop

magazin

occupations
ocupații

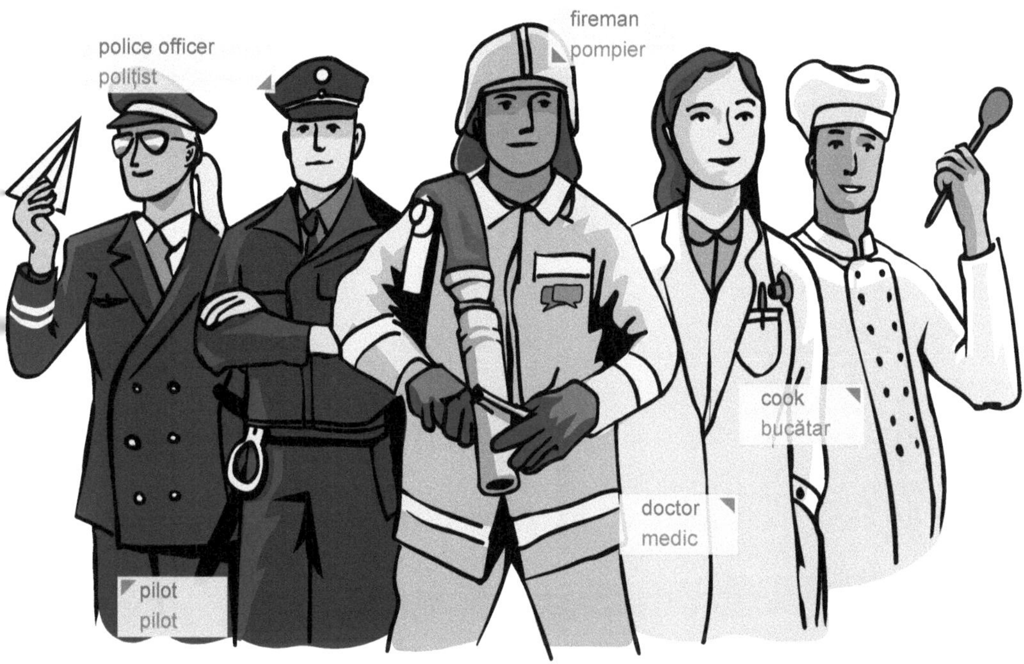
police officer
polițist
fireman
pompier
cook
bucătar
doctor
medic
pilot
pilot

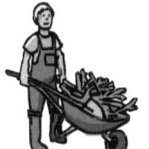

gardener
grădinar

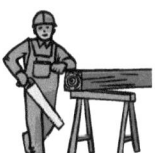

carpenter
tâmplar

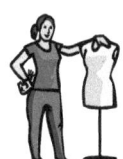

seamstress
cusătoreasă

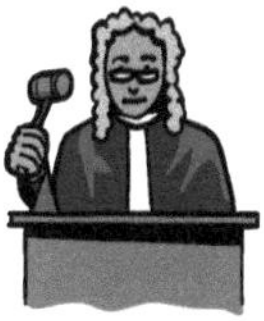

judge
judecător

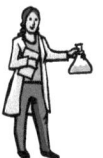

chemist
chimist

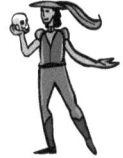

actor
actor

bus driver

șofer de autobuz

taxi driver

șofer de taxi

fisherman

pescar

cleaning lady

femeie de serviciu

roofer

tinichigiu

waiter

chelnăr

hunter

vânător

painter

pictor

baker

brutar

electrician

electrician

builder

muncitor în construcții

engineer

inginer

butcher

măcelar

plumber

instalator

postman

poștaș

soldier

soldat

architect

arhitect

cashier

casier

florist

florar

hairdresser

frizer

conductor

controlor

mechanic

mecanic

captain

căpitan

dentist

stomatolog

scientist

om de știință

rabbi

rabin

imam

imam

monk

călugăr

clergyman

preot

tools
instrumente

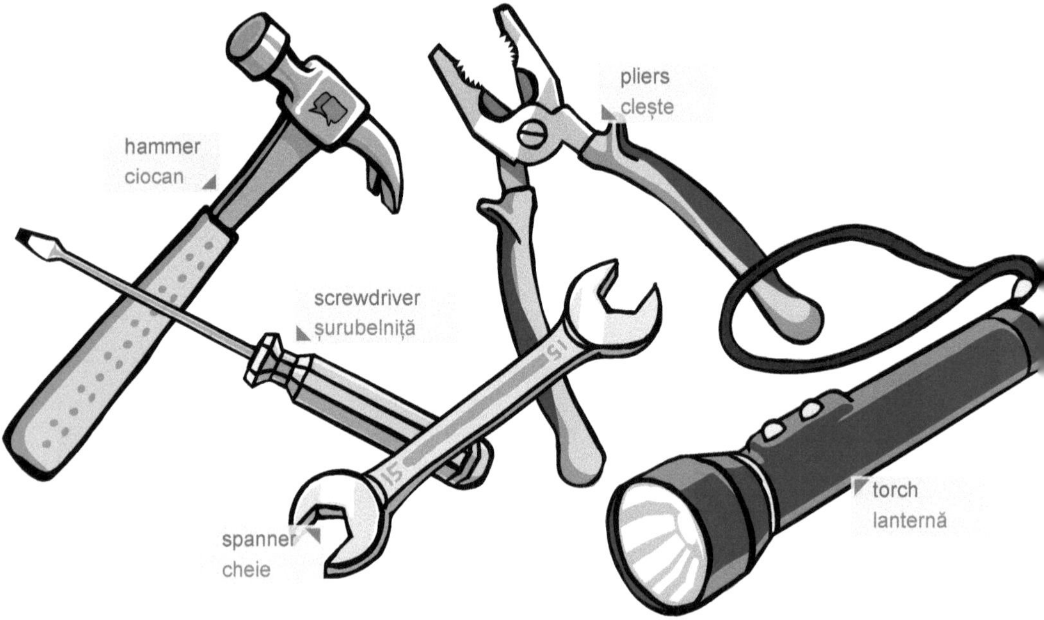

pliers
clește
hammer
ciocan
screwdriver
șurubelniță
torch
lanternă
spanner
cheie

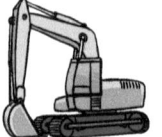

digger

excavator

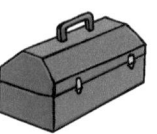

toolbox

cutie de scule

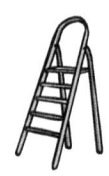

ladder

scară

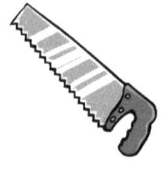

saw

ferăstrău

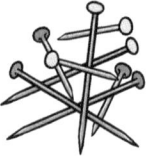

nails

cuie

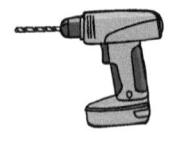

drill

burghiu

repair

a repara

shovel

lopată

Damn!

La naiba!

dustpan

făraș

paint pot

vas pentru vopsea

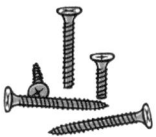

screws

șuruburi

musical instruments
instrumente muzicale

loudspeaker
difuzor

drum kit
set tobe

guitar
chitară

double bass
contrabas

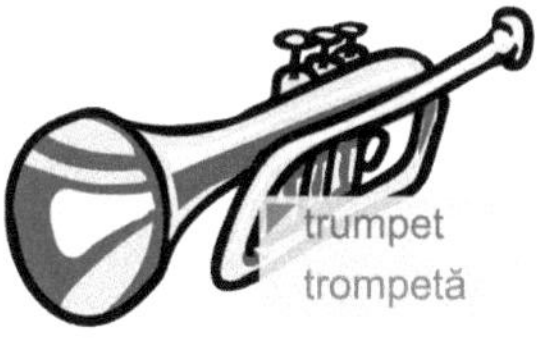

trumpet
trompetă

piano

pian

violin

vioară

bass

bas

timpani

trombon

drums

tobă

keyboard

keyboard

saxophone

saxofon

flute

fluier

microphone

microfon

musical instruments - instrumente muzicale

ZOO
grădină zoologică

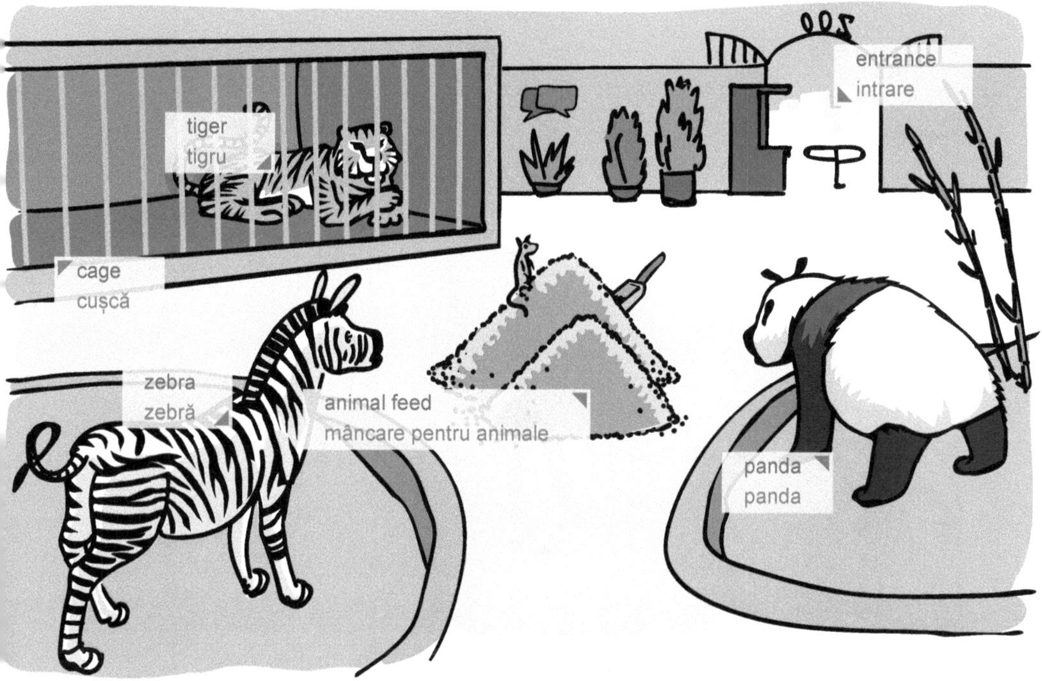

zoo
entrance
intrare
tiger
tigru
cage
cușcă
zebra
zebră
animal feed
mâncare pentru animale
panda
panda

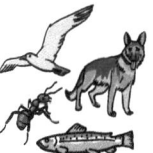

animals
animale

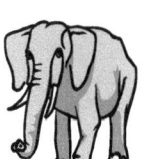

elephant
elefant

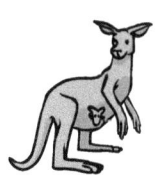

kangaroo
cangur

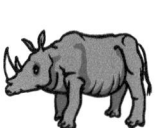

rhino
rinocer

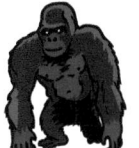

gorilla
gorilă

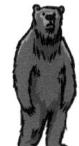

bear
urs

camel

cămilă

ostrich

struț

lion

leu

monkey

maimuță

flamingo

flamingo

parrot

papagal

polar bear

urs polar

penguin

pinguin

shark

rechin

peacock

păun

snake

șarpe

crocodile

crocodil

zookeeper

îngrijitor grădina zoologică

seal

focă

jaguar

jaguar

zoo - grădină zoologică

pony

ponei

leopard

leopard

hippo

hipopotam

giraffe

girafă

eagle

acvilă

boar

porc mistreț

fish

pește

turtle

broască țestoasă

walrus

morsă

fox

vulpe

gazelle

gazelă

American football
fotbal american

cycling
ciclism

tennis
tenis

basketball
basketball

swimming
înot

ice hockey
hockey pe gheață

boxing
box

football
fotbal

badminton
badminton

athletics
atletism

handball
handbal

skiing
schi

polo
polo

activities
activități

laugh
a râde

jump
a sări

hug
a îmbrățișa

walk
a merge

sing
a cânta

dream
a visa

pray
a se ruga

kiss
a săruta

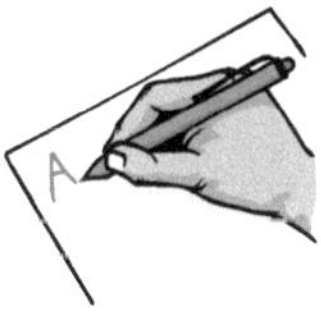

write
a scrie

draw
a desena

show
a arăta

push
a împinge

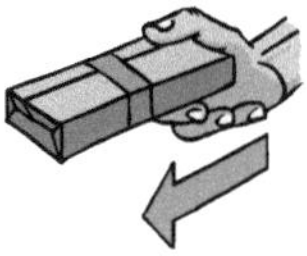

give
a da

take
a lua

have

a avea

do

a face

be

a fi

stand

a sta în picioare

run

a fugi

pull

a trage

throw

a arunca

fall

a cădea

lie

a sta întins

wait

a aștepta

carry

a purta

sit

a ședea

get dressed

a se îmbrăca

sleep

a dormi

wake up

a se trezi

look at

a privi

cry

a plânge

stroke

a mângâia

comb

a se pieptăna

talk

a vorbi

understand

a înțelege

ask

a întreba

listen

a asculta

drink

a bea

eat

a mânca

tidy up

a face ordine

love

a iubi

cook

a găti

drive

a conduce

fly

a zbura

activities - activități

sail

a naviga

calculate

a calcula

read

a citi

learn

a învăța

work

a munci

marry

a se căsători

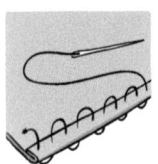

sew

a coase

brush teeth

a se spăla pe dinți

kill

a ucide

smoke

a fuma

send

a trimite

family
familie

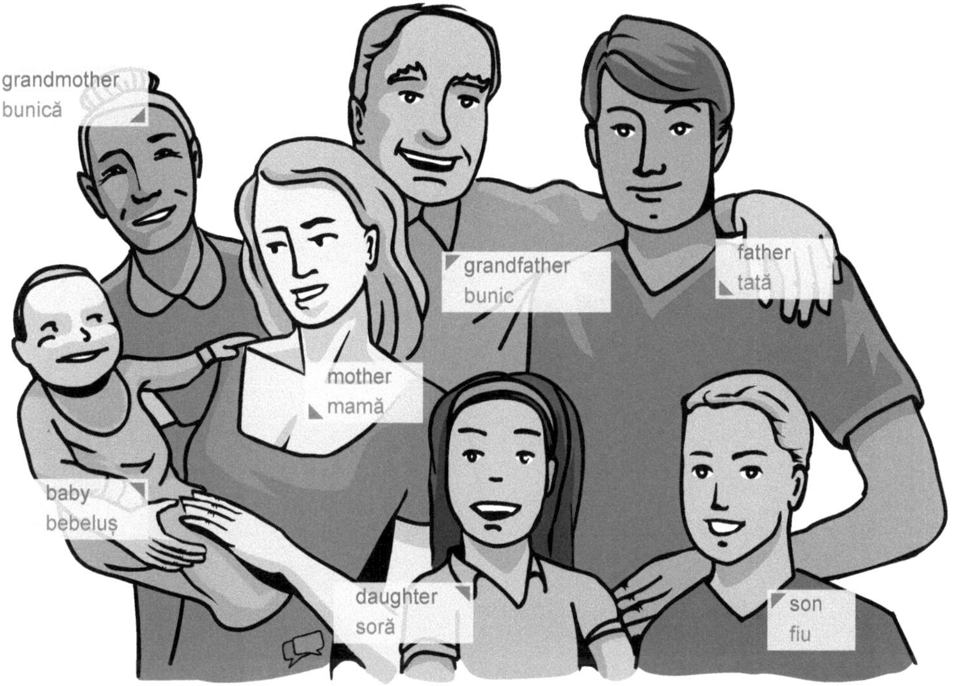
grandmother
bunică
grandfather
bunic
father
tată
mother
mamă
baby
bebeluș
daughter
soră
son
fiu

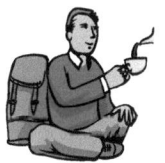

guest
oaspete

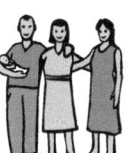

aunt
mătușă

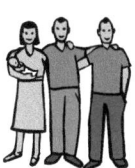

uncle
unchi

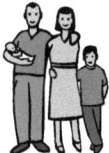

brother
frate

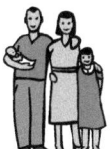

sister
soră

body
corp

forehead
frunte
eye
ochi
shoulder
umăr
finger
deget
face
faţă
chin
bărbie
hand
mână
leg
picior
breast
piept
arm
braţ

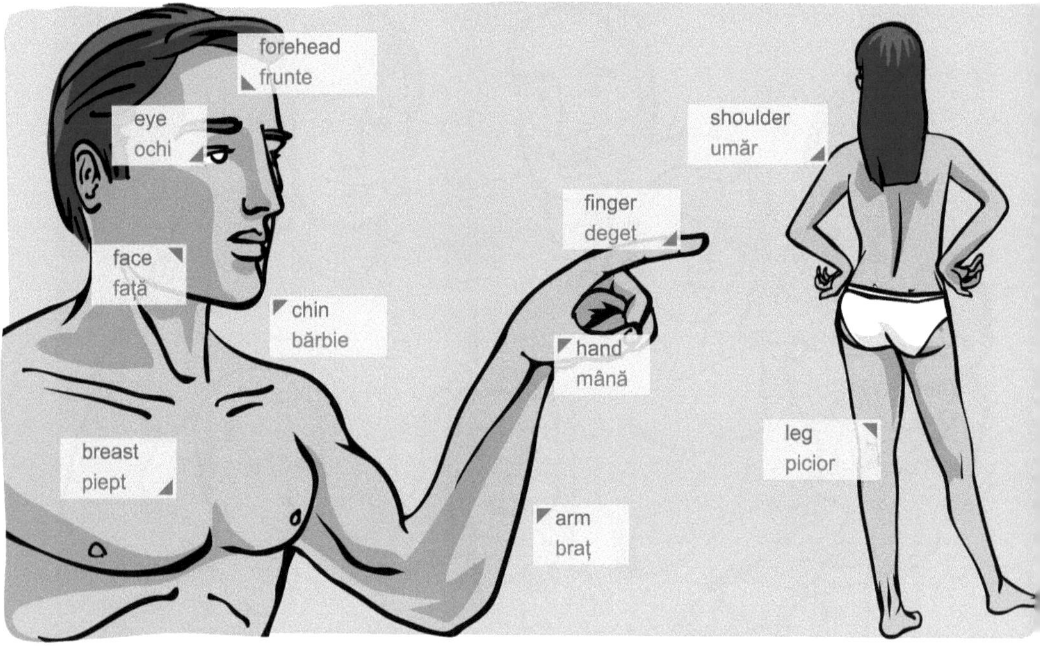

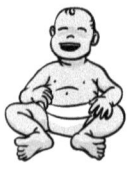

baby
bebeluș

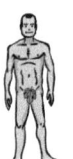

man
bărbat

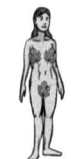

woman
femeie

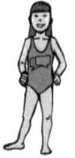

girl
fată

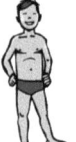

boy
băiat

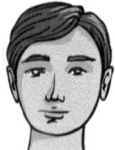

head
cap

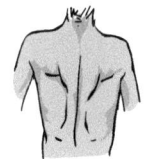

back

spate

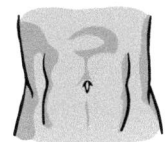

belly

abdomen

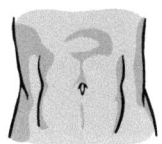

belly button

ombilic

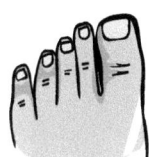

toe

deget de la picior

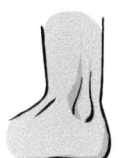

heel

călcâi

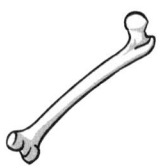

bone

os

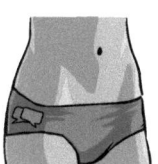

hip

șold

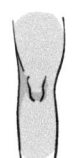

knee

genunchi

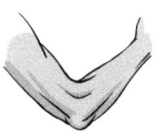

elbow

cot

nose

nas

bottom

fund

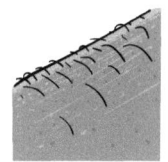

skin

piele

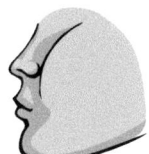

cheek

obraz

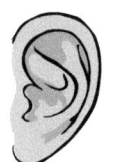

ear

ureche

lip

buză

mouth

gură

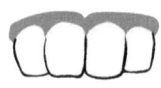

tooth

dinte

tongue

limbă

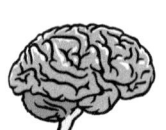

brain

creier

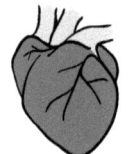

heart

inimă

muscle

mușchi

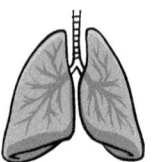

lung

plămân

liver

ficat

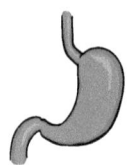

stomach

stomac

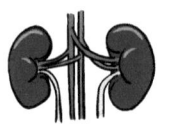

kidneys

rinichi

sex

sex

condom

prezervativ

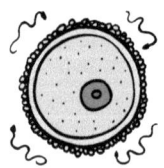

ovum

ovul

semen

spermă

pregnancy

sarcină

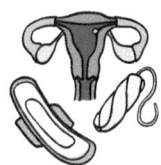

menstruation

menstruație

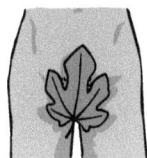

vagina

vagin

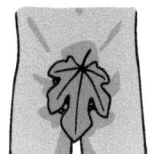

penis

penis

eyebrow

sprânceană

hair

păr

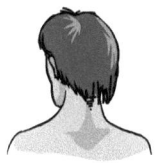

neck

gât

hospital
spital

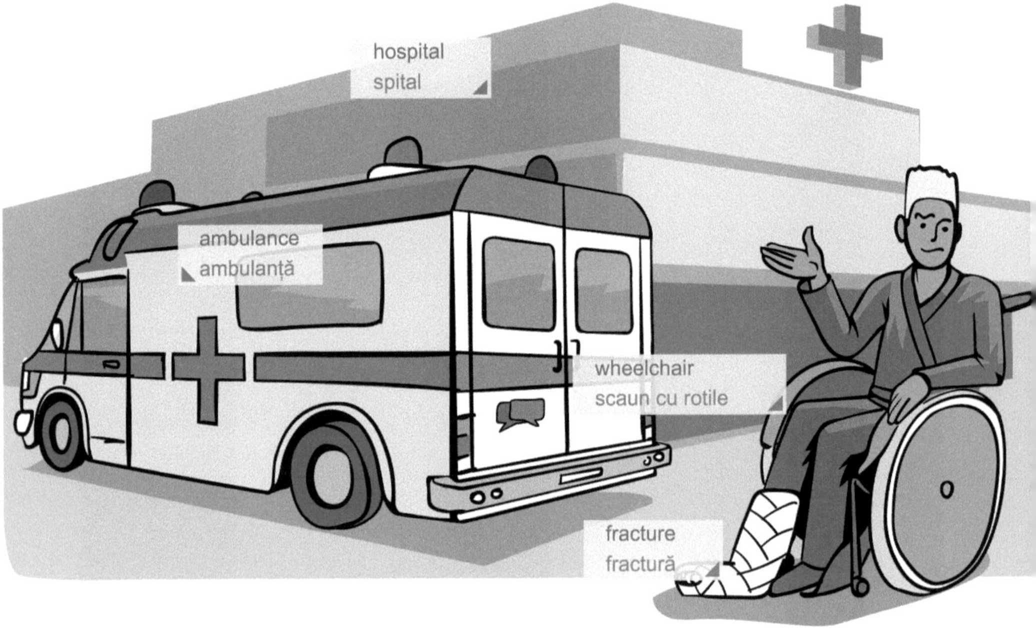

hospital
spital
ambulance
ambulanță
wheelchair
scaun cu rotile
fracture
fractură

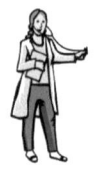

doctor
medic

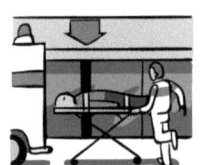

emergency room
unitate de primiri urgențe

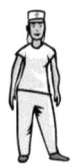

nurse
soră medicală

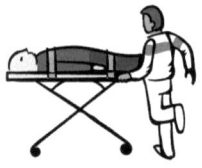

emergency
urgență

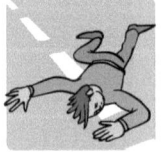

unconscious
inconștient

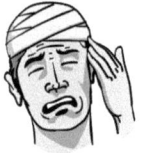

pain
durere

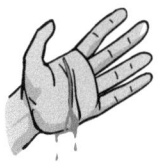

injury

leziune

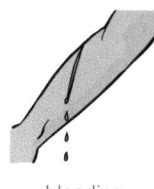

bleeding

sângerare

heart attack

infarct miocardic

stroke

atac cerebral

allergy

alergie

cough

tuse

fever

febră

flu

gripă

diarrhoea

diaree

headache

durere de cap

cancer

cancer

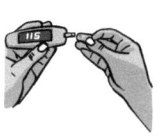

diabetes

diabet

surgeon

chirurg

scalpel

scalpel

operation

operație

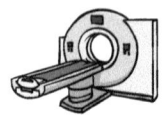

CT

CT

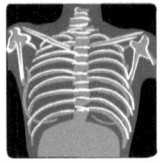

x-ray

raze Röntgen

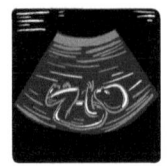

ultrasound

ultrasunet

face mask

mască

disease

boală

waiting room

sală de așteptare

crutch

cârjă

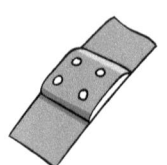

plaster

plasture

bandage

bandaj

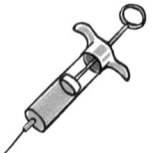

injection

injecție

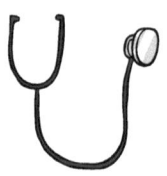

stethoscope

stetoscop

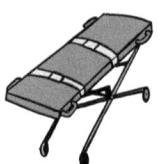

stretcher

targă

clinical thermometer

termometru

birth

naștere

overweight

supraponderabilitate

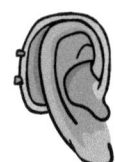

hearing aid

aparat auditiv

disinfectant

dezinfectant

infection

infecție

virus

virus

HIV / AIDS

HIV/SIDA

medicine

medicină

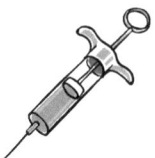

vaccination

vaccin

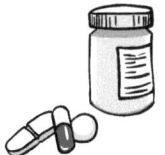

tablets

tablete

pill

pastilă

emergency call

apel de urgență

blood pressure monitor

aparat de măsurare a
presiunii arteriale

ill / healthy

bolnav/sănătos

Help!

Ajutor!

alarm

alarmă

assault

agresiune

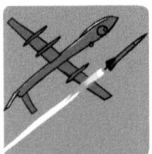

attack

atac

danger

pericol

emergency exit

ieșire de urgență

Fire!

Foc!

fire extinguisher

extinctor

accident

accident

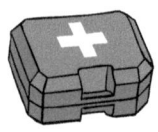

first-aid kit

trusă de prim-ajutor

SOS

SOS

police

poliție

Europe

Europa

North America

America de Nord

South America

America de Sud

Africa

Africa

Asia

Asia

Australia

Australia

Atlantic

Altantic

Pacific

Pacific

Indian Ocean

Oceanul Indian

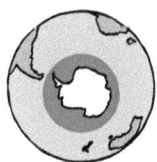

Antarctic Ocean

Oceanul Antarctic

Arctic Ocean

Oceanul Arctic

North Pole

Polul Nord

South Pole
....
Polul Sud

Antarctica
....
Antarctica

Earth
....
pământ

land
....
țară

sea
....
mare

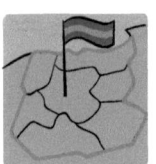

island
....
insulă

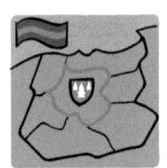

nation
....
națiune

state
....
stat

clock face
cadran

hour hand
orar

minute hand
minutar

second hand
secundar

What time is it?
Cât e ceasul?

day
zi

time
timp

now
acum

digital watch
cead digital

minute
minut

hour
oră

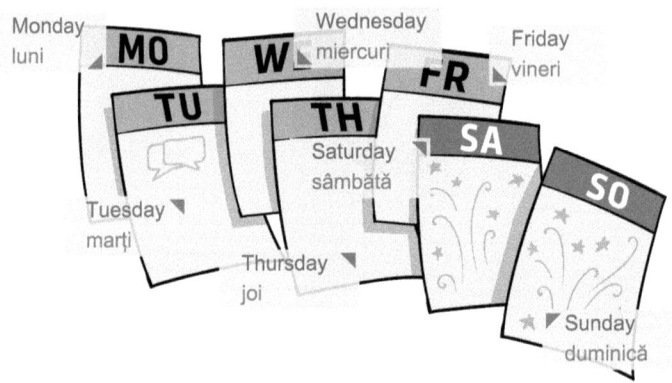

Monday / luni	Wednesday / miercuri	Friday / vineri
Tuesday / marți	Thursday / joi	Saturday / sâmbătă
		Sunday / duminică

yesterday

ieri

today

azi

tomorrow

mâine

morning

dimineață

noon

amiază

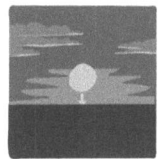

evening

seară

business days

zile lucrătoare

weekend

week-end

year
an

rain
ploaie
spring
primăvară
summer
vară
wind
vânt
autumn
toamnă
snow
zăpadă
winter
iarnă

4.APRIL 11°
5.APRIL 4°
6.APRIL 13°
7.APRIL 8°
8.APRIL 10°

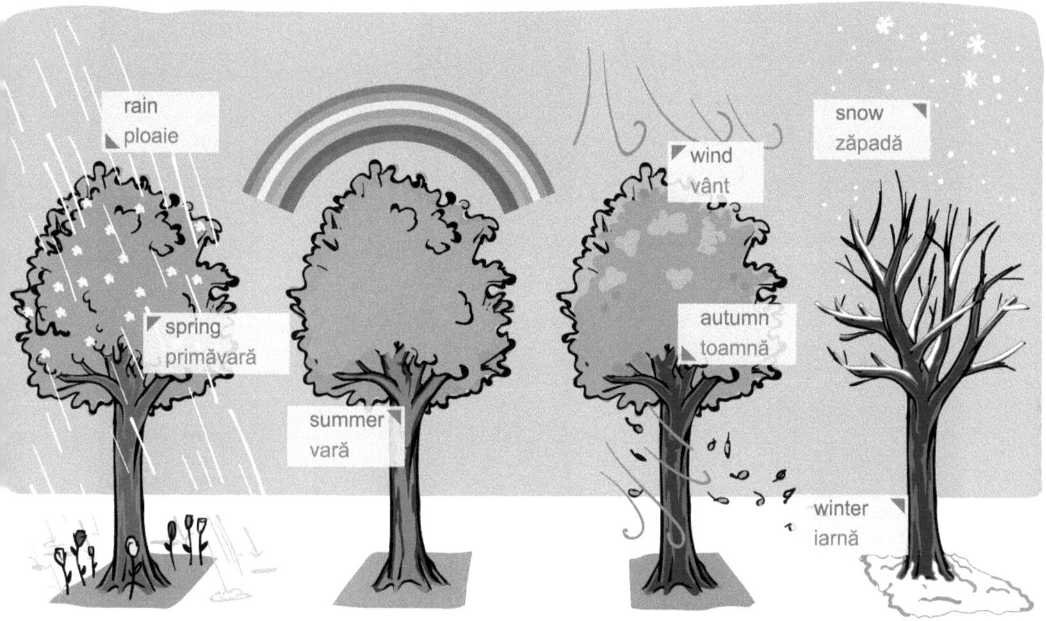

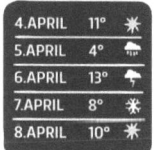

weather forecast

prognoză meteo

F C
120 90 60 30 0 -30
40 30 20 10 0 -10 -20

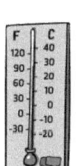

thermometer

termometru

sunshine

lumina soarelui

cloud

nor

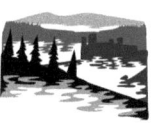

fog

ceață

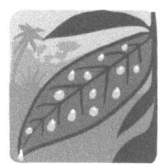

humidity

umiditate a aerului

lightning

fulger

thunder

tunet

storm

furtună

hail

grindină

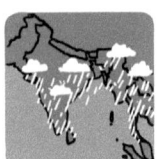

monsoon

muson

flood

inundație

ice

gheață

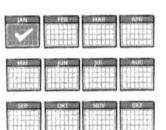

January

ianuarie

February

februarie

March

martie

April

aprilie

May

mai

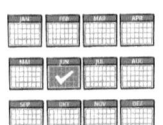

June

iunie

July

iulie

August

august

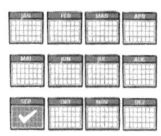

September
....
septembrie

October
....
octombrie

November
....
noiembrie

December
....
decembrie

shapes

forme

circle
....
cerc

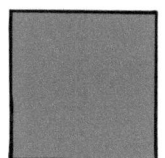

square
....
pătrat

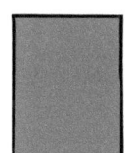

rectangle
....
dreptunghi

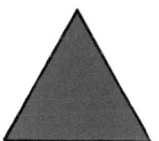

triangle
....
triunghi

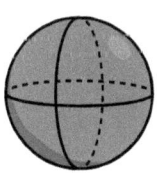

sphere
....
sferă

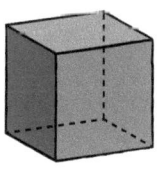

cube
....
cub

white

alb

yellow

galben

orange

portocaliu

pink

roz

red

roșu

purple

violet

blue

albastru

green

verde

brown

maro

grey

gri

black

negru

a lot / a little

mult/puțin

angry / calm

furios/calm

beautiful / ugly

frumos/urât

beginning / end

început/sfârșit

big / small

mare/mic

bright / dark

luminos/întunecat

brother / sister

frate/soră

clean / dirty

curat/murdar

complete / incomplete

complet/incomplet

day / night

zi/noapte

dead / alive

mort/viu

wide / narrow

lat/strâmt

edible / inedible

comestibil/necomestibil

evil / kind

rău/prietenos

excited / bored

emoționat/plictisit

fat / thin

gras/slab

first / last

primul/ultimul

friend / enemy

prieten/inamic

full / empty

plin/gol

hard / soft

tare/moale

heavy / light

greu/ușor

hunger / thirst

foame/sete

ill / healthy

bolnav/sănătos

illegal / legal

ilegal/legal

intelligent / stupid

inteligent/stupid

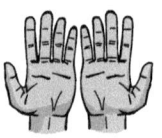

left / right

stânga/dreptà

near / far

aproape/departe

new / used

nou/uzat

nothing / something

nimic/ceva

old / young

bătrân/tânăr

on / off

pornit/oprit

open / closed

deschis/închis

quiet / loud

încet/tare

rich / poor

bogat/sărac

right / wrong

corect/fals

rough / smooth

aspru/neted

sad / happy

trist/fericit

short / long

lung/scurt

slow / fast

încet/repede

wet / dry

ud/uscat

warm / cool

cald/rece

war / peace

război/pace

opposites - antonime

0

zero

zero

1

one

unu

2

two

doi

3

three

trei

4

four

patru

5

five

cinci

6

six

șase

7

seven

șapte

8

eight

opt

9

nine

nouă

10

ten

zece

11

eleven

unsprezece

12

twelve

douăsprezece

13

thirteen

treisprezece

14

fourteen

paisprezece

15

fifteen

cincisprezece

16

sixteen

șaisprezece

17

seventeen

șaptesprezece

18

eighteen

optsprezece

19

nineteen

nouăsprezece

20

twenty

douăzeci

100

hundred

o sută

1.000

thousand

o mie

1.000.000

million

un milion

English

engleză

American English

engleză americană

Chinese Mandarin

chineza mandarină

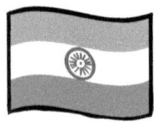

Hindi

hindi

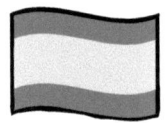

Spanish

spaniolă

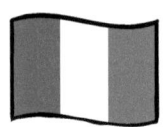

French

franceză

Arabic

arabă

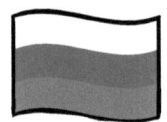

Russian

rusă

Portuguese

protugheză

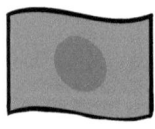

Bengali

bengaleză

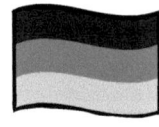

German

germană

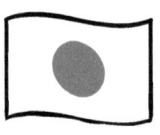

Japanese

japoneză

I
eu

you
tu

he / she / it
el/ea

we
noi

you
voi

they
ea

who?
cine?

what?
ce?

how?
cum?

where?
unde?

when?
când?

name
nume

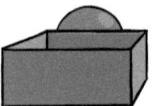

behind

în spate

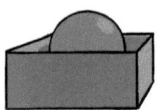

in

în

in front of

înainte

over

peste

on

pe

under

sub

beside

lângă

between

între

place

loc